MEIN NACHTRAG NACH MEINEM BUCHVERZEICHNIS 2017 BIS 2023

Ein Buch über meine rebellische Philosophie

Gerd Steinkoenig

9. Oktober 2023

VORWORT

Ihr lacht über mich,
weil ich anders bin. Ich
lache über euch, weil ihr
alle gleich seid.
Kurt Cobain
Soulapp

THE RISE AND FALL OF POPULAR MUSIC

1950er: Rock Around The Clock (Bill Haley)

Heartbreak Hotel (Elvis Presley)

Johnny B Goode (Chuck Berry)

Jugendrebellion gegen Eltern

James Dean & MM

1960er: Folk mit Bob Dylan

(Literaturnobelpreisträger 2016)

The Beatles mit BeatleMania (1964)

Kunstmusikalben wie Revover (1966)

Sgt. Pepper, White Album, Abbey Road

Rolling Stones (2023 im 62. Bandjahr!!)

The Who, Kinks, Dusty Springfield

Motown- Sound wie die Supremes

Supersängerinnen Aretha Franklin, Janis

Gitarrengott Jimi Hendrix unvergesslich

Woodstock 1969 Love & Peace

Mit Idealismus, Liebe, Frieden, Hippies

Desaster mit den Stones: Altamont 1969

Ermordung an einen Fan

The Doors mit Light My Fire

1970er: immer noch Idealismus, Experimente

Viel Geld durch Plattenfirmen für Musik&Partys

Weit verzweigte Genres von Jazzrock bis

Coutryrock, Folkrock, Progrock, Soul, Funk...

Die ersten 70er Jahre mit Glamrock wie

David Bowie, Roxy Music, The Sweet, Slade...

Hardrock mit Deep Purple, Rainbow, AC/DC

Progrock mit Led Zeppelin, Genesis, Yes

Pink Floyd, Supertramp, EL&P, Jethro Tull ...

DiscoMania mit Saturday Night Fever

Bei mir my Discos Old Vienna, Trocadero...

Punk mit den Sex Pistols, Ramones, Clash

Songwriter mit Dylan, Neil Young - Reprise Records

Bruce Springsteen , Bob Seger...

Alles mögliche in den 70ern mit Boston

Blondie, T. Rex, Carly Simon, Rita Coolidge

Suzi Quatro, Queen , Kate Bush, Bob Marley...

1980er: in den70ern war die beste Musik

Aber in den 80ern konnte ich alles machen

Viele Konzerte gesehen von Genesis, Pink Floyd

Neil Young (2x), Jethro Tull (3x), Marillion, U 2

Steve Hackett, Udo Lindenberg, Spliff, B.Ö.C.

Peter Maffay , Stevie Wonder, Tribute etcetc

In den 80ern war immer noch Geld

Mit Light- und Laser-Shows

Das MTV-Zeitater trat an mit New Romantis

New Wave, Pop vorallem Pop, HairMetal

Von Depeche Mode bis Bon Jovi bis Sade

Live Aid 1985 für Afrika mit Queen, Madonna

Dire Straits, Duran Duran, Tina Turner

Mick Jagger, Led Zeppelin, Phil Collins etcetc

Auch in den 80ern Experimente von

The Police bis Tracy Chapman

Oder Grandmaster Flash & The Furious 5

Und 80er Pop: Prince, Pet Shop Boys, Madonna

1990er: am Anfang des Jahrzehnts war es gut

Mit Grunge (Nirvana Pearl Jam) und

Use Your Illussion I & II (Guns N Roses)

Nochmal die alten Helden für mich

Division Bell (Pink Floyd)

We Can't Dance (Genesis)

Mitte der 90er hatte ich Techno-Trip

Marusha und Loveparade

Aber nur noch Spaßfraktion

Der Rest: bei meinem Kapitel Story of Rock

In meinem ISBN-Buch "Die Story von populärer

Musik" hatte ich 1992 aufgehört

Ich finde diese Lyric ist besser von dieser Story

Mitte der 90er war der Anfang vom Ende

Mittlerweile nur noch uniformierter Mainstream

Nur noch Hip Hop, RMB, Metal, Pop, Rock

Es gibt auch 2023 sehr gute Musik!!

Referenz: Progrock mit den Heften "Eclipsed"

Oder 2002 Coldpay mit Clocks, In My Place

Oder Trip Hop wie Portishead, Massive Attack

Mittlerweile ist Woke und political correctness

Culture cancel ist jetzt vogue

Brown Sugar von den Stones nicht mehr

In den Konzerten (nur als Beispiel)

Musik ist nur noch Wegwerfware

Streaming ist der Tod des Musikalbums

Aus seligen Zeiten meine besten Songs

(Was eigentlich Blödsinn ist, weil ich immer

Was vergesse - irgendein Song vergesse ich immer)

Stairway To Heaven (Led Zeppelin)

We're All Alone (Rita Coolidge)

A Man I'll Never Be (Boston)

Supper's Ready (Genesis)

Blood On The Rooftops (Genesis)

Harvest Moon (Neil Youg)

A Day In The Life (The Beatles)

Blue Jeans Blues (ZZ Top)

Hammer Horror (Kate Bush)

Shaft (Isaac Hayes)

Purple Rain (Prince)

Time (Pink Floyd)

Comfortably Numb (Pink Floyd)

Der Spinner (Nina Hagen Band)

Cowboy Rocker (Udo Lindenberg)

99 Luftballons (Nena)

Highway Star (Deep Purple)

The Redemption Song (Bob Marley)

Stripped (Depeche Mode)

Ball and Chain (Janis Joplin)

Desperado (Eagles) und weitere

5000 Songs...

Was wohl im Jahr 2099 ist?

Nur noch aus den letzten 20 Jahren seit 2079?

Nur noch aus dem 20. Jahrhundert diee Top 100?

Nur erfolgreich? Also mit Billy Jean von Jacko -

Aber nix mit Julia von Pavlos Dog?

Oder doch die besten Alben!

Also mit The Dark Side Of The Moon (Pink Floyd)

Aber nix mit Sweet Fanny Adams von The Sweet?

C P Gerd Steinkoenig Gerd F Steinkoenig Gerd Gerd

7. Oktober 2023

HUMAN NATURE

ZEITEN MENSCHEN SINNE

Je älter ich bin, umso blödsinniger wird es

Durch Erfahrungen, Human Nature, Zeitgeister

Ein durchschnittlicher junger Mensch

Hat keine Ahnung von Adenauer, JFK, Elvis

(Siehe Quizplanet, da les ich die Dummheit)

Namen sind Schall und Rauch, hieß es

Dabei ist es mittlerweile bei mir Realität

Wer ist Hitler? Ah, die AfD ist ja suuuper...

Geschichte wiederholt sich, hieß es

Jetzt ist 2023 das Jahr 1929 oder 1931

Die Spezies Mensch wird untergehen

Ich bin behindert, ich hab meinen starken Geist

Trotzdem sind aus Human Nature Vorurteile

Ich rede intelligent, die Leute lachen...

Viele Menschen, wenig Entwicklungen

Wenige Menschen, viele Horizonte

Aber ein Behinderter ist angeblich blöd

So genieße ich mein neues zweites Leben

Über Trump und USA, über BRD und Politik

Über meine Natur, Tiere, Musik, Fußball

C P Gerd Steinkoenig 7. Oktober 2023

GEDANKEN DES UNIVERSUMS!

Ich hatte ISBN-Bücher geschrieben

Mit meinen Pseudonymen

Zeitläuferin Beatrice Farber

Meine Seele Michelle Connery

Dadurch hatte ich gute Philosophien

Mit Horizonten, neue Wege, Ziele

Natürlich mache ich dies immer noch

Mit Horizonten, Wege, Pläne, Ziele

Aber Beatrice und Michelle sind Pseudonyme

Das prinzipielle Problem ist mein Außen Vor

Als Behinderter bin ich mittendrin außen vor

Das war am Anfang 2018 und auch 2023

Ich hab meine Individualität, mein Ich

Meine positiven Entwicklungen, Fortschritte

Erfahrungen mit positiven Energien

Meine Reinheit, Gelassenheit, Gesundheit

Ich überlege meine Gott-Prüfungen

Momentan mit meiner Mutter

Mutter nach Schlaganfall zerstreut

Und Zwiegespräche mit meinem Vater

Im Himmel oder Nirwana oder Licht

Und ich habe terminierte Betreuer

Und das ominöse "Institut"

Ich brauche noch mehr Motivationen

Ich brauche mehr Kraft, Mut, Wille, Disziplin

Das hab ich, aber noch mehr

Für meine Freiheit, Zukunft, Liebe, Vertrauen

Gedanken des Universums

Hallo meine Seele Michelle!

Kennst Du für mich eine Universumsfrau?

Hast Du gute positiven Gemeischaften?

Hallo meine Zeitläuferin Beatrice!

Hab und brauch ich mehr Kreativitäten?

Soll ich einfach lachen, genießen, atmen?

Michelle meint: ja, ich hätte da eine!!

Beatrice meint: lebe Dein positives Leben!

Ich: Alles klar, mach ich!

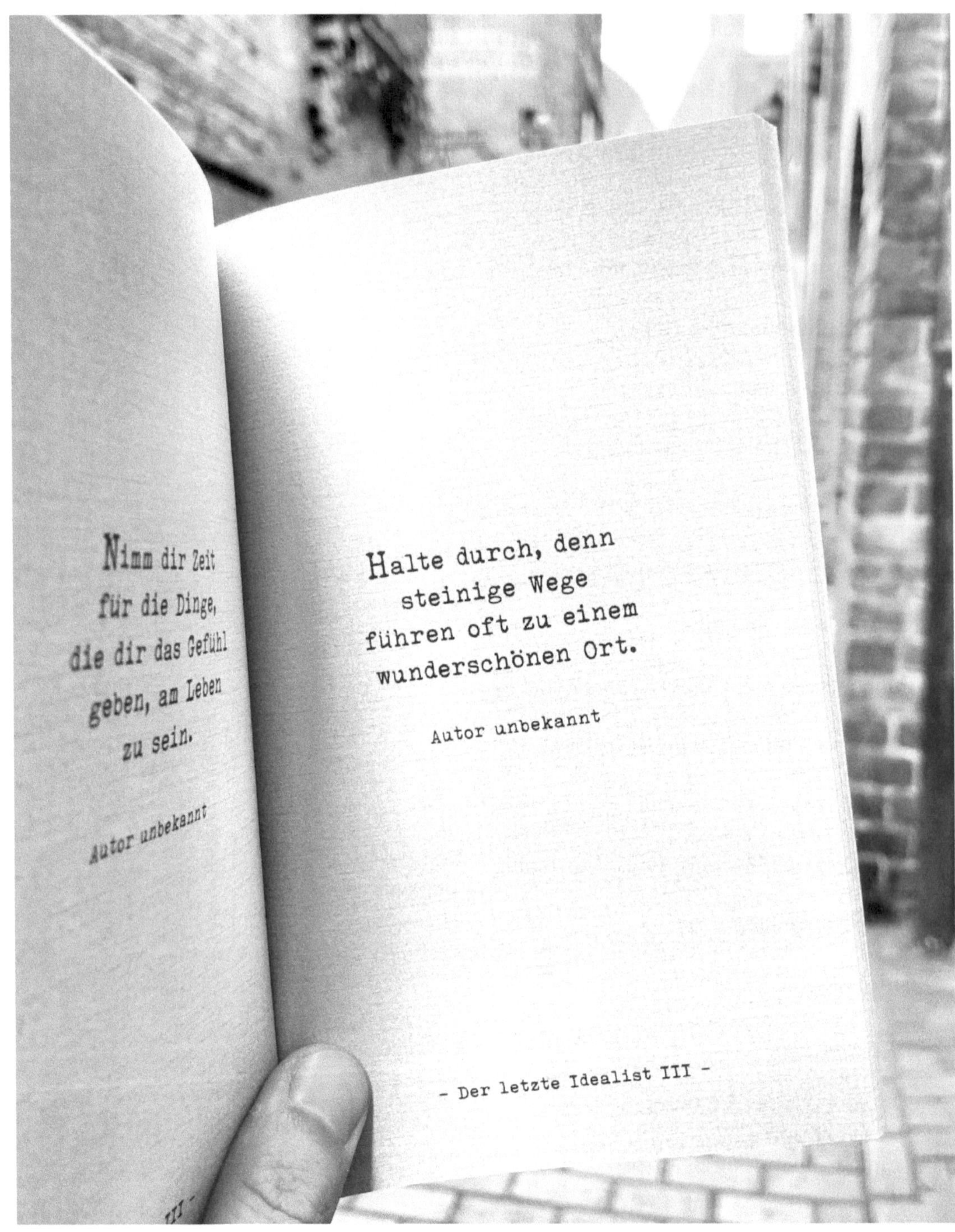

DIE VERFEHLTE MENSCHHEIT

Bald Bürgerkrieg in den USA wegen Volkshetzer Trump

Bald Bürgerkrieg in Deutschland wegen AfD & "Bild"

Bald der definitive 3. Weltkrieg

Wegen Propaganda, Machomacht, Dummheit

Die Chemie, Biologie der Menschen ist verfehlt

2023 = 1929, 1930 oder 1931

Die Geschichte wiederholt sich

Weil die Menschen blöd sind

Trotz Weltwissen im Internet, Weltgemeinschaft

Aber sie sind geil auf Hxxx, Bxxxxxx, Hxxxx

Ich muss es so schreiben, sonst sagt fb: Sxxxxx

C P Gerd Steinkoenig 5. Oktober 2023

PRÜFUNGEN DES LEBENS VON GOTT

Ich weiß es mal wieder nicht - wieder nur Telefonate. Es war nicht nur einmal, sondern 3 x!! Mutter hat durch den Schlaganfall zu 99 % Alzheimer!! Typische Symptome! Es ist "erst" am Anfang, aber ich kann bei ihr nicht richtig reden. Es ist auch eine Prüfung für mich, denn ich brauche natürlich meine egoistische Gesundheit, aber trotzdem Fürsorge für meine Mutter. Sie ist seit heute im normalen Krankenhaus in St. Wendel (die 3. Klinik). Vielleicht meint ihr, sie ist zerstreut, weil sie 85 ist und nun die 3. Klinik. Aber nur ein Beispiel gestern beim Telefonat: sie meinte, welcher Tag mein Geburtstag ist (vorher hat sie es nicht gewusst und war immerhin da mit dieser Frage).XXXXXX jeeetzt bin ich wieder da, war nochmal Telefonat mit Krankenschwester. Es ging sozusagen um Geschäfte, als ich nachfragen wollte mit Mutter - ging wieder nix (wiederholte Mal). Ach ja wegen dem Geburtstag: ich sagte zu ihr "9. November", sie dann: "ah ja, der 29. November". Ich dann wieder 9. November, sie wieder 29. November... Theoretisch könnte es sein, das sie in 1 bis 2 Wochen wieder zurück in ihrer Heimat Fuerteventura ist. Und ich meine RUHE!

Nachtrag 09.10.2023: Mutter hatte nochmal kleinen Schlaganfall gehabt, vielleicht tatsächlich nix mit Alzheimer. Trotzdem ist sie zerstreut, hilflos. Zum Momentum-Termin könnte ich in 1 3/4 Wochen zu meiner Mutter kommen (zu meinem "BetreuerXinnen-Taxi"). Man weiß nicht was in Zukunft ist - Prüfungen des Lebens von Gott...

Collage "Babylon Life" 2. Oktober 2023

LEBENSZEITEN

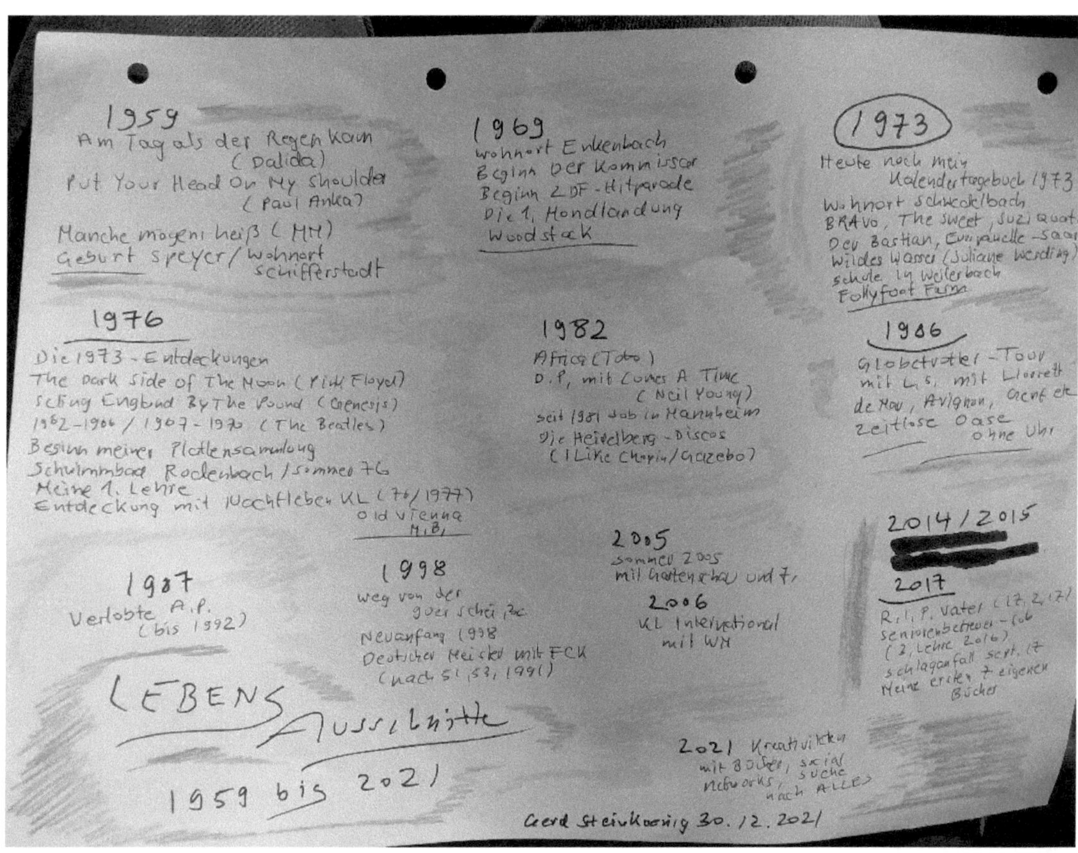

1959
Am Tag als der Regen kam
(Dalida)
Put Your Head On My Shoulder
(Paul Anka)
Manche mögen's heiß (MM)
Geburt Speyer / Wohnort Schifferstadt

1969
Wohnort Enkenbach
Beginn der Kommissar
Beginn ZDF-Hitparade
Die 1. Mondlandung
Woodstock

1973
Heute noch mein
Kalendertagebuch 1973
Wohnort Schwedelbach
BRAVO, The Sweet, Suzi Quatro
Der Bastian, Europawelle-Saar
Wildes Wasser (Juliane Werding)
Schule in Weilerbach
Follyfoot Farm

1976
Die 1973-Entdeckungen
The Dark Side of The Moon (Pink Floyd)
Selling England By The Pound (Genesis)
1962-1966 / 1967 - 1970 (The Beatles)
Beginn meiner Plattensammlung
Schwimmbad Rodenbach / Sommer 76
Meine 1. Lehre
Entdeckung mit Nachtleben KL (76/1977)
Old Vienna
M.B.

1982
Africa (Toto)
D.P. mit Comes A Time
(Neil Young)
seit 1981 Job in Mannheim
Die Heidelberg-Discos
(I Like Chopin / Gazebo)

1996
Globetrotter-Tour
mit L.S. mit Lliorett
de Mar, Avignon, Gené ek
Zeitlose Oase
ohne Uhr

1987
Verlobte A.P.
(bis 1992)

1998
Weg von der
guer schütze
Neuanfang 1998
Deutscher Meister mit FCK
(nach S1 53, 1991)

2005
Sommer 2005
mit Gartenarbeit und 7.

2006
KL international
mit WM

2014 / 2015

2017
R.I.P. Vater (17.2.17)
Seniorenbetreuer (66
(2. Lehre 2016)
Schlaganfall Sept. 17
Meine ersten 7 eigenen
Bücher

LEBENS Ausschnitte
1959 bis 2021

2021 Kreativitäten
mit Büchern, social
networks, Suche
nach ALLES

Gerd Steinkoenig 30.12.2021

XX = war bei
Gerd Steinkoenig
02.01.2022
Margitte
Bernd Clüver
Jürgen Marcus
Aassen mäher
Frühlblumen
Rolling Stones
G.B. wind
Juliane Werding
Europawelle-Saar
FCK vs Bayern 7:14 !?
Klimbim
Ewa Hügind
ZDF-Starparade
R.A.F.
Chi Coltrane
Sonntagsfahrverbot Ölkrise
ZDF-Hitparade
SCHWEDELBACH seit 1972
ALI
Albert Hammond
1973
The Dark Side of The Moon (Pink Floyd)
Kinderzimmer
Les Humphries Singers
Rotes Album
Blaues Album
Beatles
skylab
wird gestartet
Samstag Badewanne
GENESIS
MUTTERSTADT
The Sweet
Slade
T. Rex
Wizzard
David Cassidy
Ein Herz
und eine Seele
Wings
Suzi Quatro
Daliah Lavi
Mary Roos
Elton John
BRAVO
Der Bastian
Follyfoot Farm
Peter Maffey
Heilig Abend
Bescherung
MAINZ
Kalter Krieg
golden
Earing
732 Seit bei
meinen
BÜCHERN
DEEP PURPLE
Schule Weilerbach
Udo Jürgens
Peter Alexander
siehe mein Kalender 1973
X = erst ab 1976, war
aber 1973 !!

Max Raabe - Ein Tag wie Gold | Babylon Berlin - Staffel 4 | Sky

YOUTUBE.COM

Max Raabe - Ein Tag wie Gold | Babylon Berlin - Staffel 4 | Sky

Der Titelsong der 4. Staffel von Babylon Berlin "Ein Tag wie Gold" wird präsentiert von Max Raabe und dem Palast Orchester.Ab heute ist die vierte Staffel au...

Oktober 2023 in Annweiler am Trifels

ZEITLOSE ZEITOASEN

----

6 Fotos von Rolling Stone Germany, Oktober 2023! Schon wieder 1973! Ich hatte Euch
schon von Eclipsed über 1973 fotografiert. MINT Magazin war auch von 1973! Und nun
Rolling Stone... Das war noch nie, gleich 3 Musikzeitschriften... Und lustigerweise ist 1973
MEIN Lebensdatum: Musik, Zeitgeist, Zeitgeschehen, TV-Serien etc... Als Teenie war bei mir
eben Sweet, Slade, Suzi Quatro, The Beatles, Deep Purple.. Von Genesis und Pink Floyd
hatte Ich keine Ahnung - erst 1975/1976... 1973 von Sonntagsfahrverbot bis
Volkshauptschule Weilerach, vom 2. Jahr Eltern-Eigenheim Schwedelbach, von SpVgg ESP
bis ZDF-Hitparade etc etc... PS: bei Rolling Stone muss man natürlich Genesis ignorieren -

nix mit Selling England By The Pound!

C P Gerd Steinkoenig 2. Oktober 2023

Der Typ bin ich, der Autor dieses Buches! Foto: Stefan Renner (Januar 2022)

Gerd Steinkoenig

1. Oktober um 16:09

Ich bin tatsächlich Künstler! Warum? Kein Mensch interessiert über meine Bücher, Kreativitäten, Worte, Synapsenakrobatik... Hahaha ☺

Menschen meinen, wir sprechen deutsch, englisch, polnisch, italienisch, ungarisch, hebräisch, arabisch, mandarin, französisch, dänisch, türkisch etc etc... Aber Katzen ist das uninteressant, sie wollen einfach lieben, schmusen, vertrauen... Tiere sind besser als Menschen ☺

IST ZEIT EINE ECHTE ZEIT?!?

Es ist wie immer bei den Menschen! Diverse Zeitschienen, diverse Techniken, diverse Jahrhunderte, diverse Zeitgeister, diverse Moden, diverse Musiken, diverse Herrscher/Politiker... Aber doch immer die gleichen Charakteren, Instinkten, Gefühle, Macht, Egoismus, Rassismus, Liebe, Vertrauen, Verständnis, Missgunst, Hass, mit Kriegen, Religionen, Hautfarben, Charakteren... Ist Gott der Lehrer und wir sind Schüler? Und die Tiere und Natur ist zwischen Gott und Menschen! C P Gerd Steinkoenig 30.09.2023

DAS LEBEN IST EIN ECHO.
WAS DU AUSSENDEST, KOMMT ZURÜCK.
WAS DU SÄST, ERNTEST DU.
WAS DU GIBST, BEKOMMST DU.
WAS DU IN ANDEREN SIEHST, EXISTIERT IN DIR.
DENKE DARAN, DAS LEBEN IST EIN ECHO.
ES KOMMT IMMER WIEDER ZU DIR ZURÜCK.
SEI GÜTIG.

— ZIG ZIGLAR

MEINE 10 BESTEN FILME ALLER ZEITEN

(NATÜRLICH ALTE FILME…)

1 Einer flog über das Kuckucksnest

2 Das Schweigen der Lämmer

3 Shining

4 Casablanca

5 Wenn die Gondeln Trauer tragen

6 Convoy

7 Der Malteser Falke

8 Clockwork Orange

9 Spiel mir das Lied vom Tod

10 Die Reifeprüfung

C P Gerd Steinkoenig Gerd F Steinkoenig Gerd Gerd

30. September 2023

Huch, da ist ja noch 2001-Odysee im Weltraum, The Warriors, Knockin' On Heavens Door,
Die Feuerzangenbowle, Der Schuh des Manitu, Fluchtpunkt San Francisco (Original!!),
Rollerball (Original!!), Himmel ohne Sterne, Lautlos im Wetraum, James Bond - Live And Let
Die, James Bond - Goldfinger, Pulp Fiction, The Fog - Nebel des Grauens (Original!!),
Extrablatt, Die Vögel, Marnie, Rocky, Rocky IV, Gesprengte Ketten, Fahrenheit 451, Die
Verurteilten, Otto - der Film, Beverly Hils Cop, Beverly Hills Cop II etc etc...

Gerd Steinkoenig

30. September um 13:40

.

VERGÄNGLICHKEIT

Diesmal war technisch das "richtige" Foto! Anscheinend geht es ihr besser durch
Pflegerinnen-Telefonaten. Vorher hatten Mutter und ich telefoniert, aber sie war zerstreut,

desorientiert. Wusste nicht von ihrem und meinem Geburtstag. Sie fragte mich, wie alt sie ist... Die Pflegerinnen meinten, durch das Alter und das neue Krankenhaus muss sie erstmal wieder gewöhnen. Aber ich weiß ja Bescheid aus eigener 2017er Erfahrungen. Am nächsten Montag kann ich um 11h einen Arzt anrufen.

Das Leben ist Vergänglichkeit! Mit 63 ist man anders drauf als 57 oder 42 oder 25 oder 13 - wegen Vergänglichkeit... Mutter ist 85, sie ist total zäh, aber die Vergänglichkeit... Ich denke an meinen Eltern und was man in Zukunft so erzählt hatte, aber es wurde ganz anders... Mein Vater, das Haus etc - wer hätte das soo gedacht. Es kann sein, sie überlebt mich und wird 105! Sie ist schließlich eine Oberfränkin... Aber es kann eben sein... Vergänglichkeit... Meine positiven Energien und mein Glaube zu unseren nächsten Lebensdimensionen haben für mich Gelassenheit. Zumal schon der Gedanke seit ca 2 Jahren besteht.

Alles war ist wird gut!

C P Gerd Steinkoenig Gerd F Steinkoenig Gerd Gerd

Meine Mutter in Klinik Alzey 29. September 2023, Foto: Stefan Renner

STORY OF ROCK PART II

Gerd Steinkoenig

Admin

Mitglied mit Top-Beteiligung

27. September um 21:03

Da singt Brad Delp von Boston mit einem famosen Supersong! Aber Brad war schon länger in seine nächste Lebensdimension! Die Heaven-Band ist Great Gig In The Sky! Mit Syd Barrett (Pink Floyd), Rick Wright (Pink Floyd), Jon Lord (Deep Purple), John Bonham (Led Zeppelin), Rory Gallagher, Prince, Miles Davis, John Lee Hooker, Muddy Waters, B.B. King, John Lennon (The Beatles), George Harrisson (The Beates), Jimi Hendrix, Janis Joplin, Brian Jones (Rolling Stones), Charlie Watts (Rolling Stones), Amy Winehouse, George Michael, Edith Piaf, Alexandra, Whitney Houston, Donna Summer, Jeff Beck (The Yardbirds uvvva), Freddy Mercury (Queen), Michael Jackson, Randy California, John Cippolina, Klaus Hauenstein (Supermax), David Bowie, Gloria Gaynor, Isaac Hayes, Louis Armstrong, Ella Fitzgerald, "The Rat Pack", Marc Bolan (T. Rex), Keith Moon (The Who), Jim Morrison (The Doors), Jerry Garcia (Grateful Dead), Kurt Cobain (Nirvana), Aretha Franklin, Chuck Berry, Little Richard, Elvis Presley, Billy Preston (Musiker mit Beatles und Rolling Stones) etc etc etc! Natürlich noch zig Musiker und hatte bestimmt einige vergessen! Aber yeah: The Shine On Your Crazy Diamond-Heaven-Band!! C P Gerd Steinkoenig 26.09.2023 PS: vergessen.... Billie Holiday, Bon Scott (AC/DC), Frank Zappa, Falco, Brian Connoly (Sweet), Keith Emerson (E L & P), Greg Lake (E L & P), Chris Squire (Yes), John Coltrane, "Bird" Parker, Jaki Liebezeit (Can), Johnny Cash etc etc...

Boston - A Man I'll Never Be (Official Video)

YOUTUBE.COM

Boston - A Man I'll Never Be (Official Video)

Boston - A Man I'll Never Be (Official Video)

27. September um 17:04

.

THE STORY OF ROCK - DiESMAL GANZ ANDERS...

Genesis vs Techno oder so...

1976 begann ich meine Plattensammlung mit Genesis, Pink Floyd, Jethro Tull , Supertramp,

26

Yes, Neil Young, The Beatles etc, das müssten ungefähr meine ersten LPs sein. Genesis war Progrock, Kaiserslautern war Genesis-Stadt (sagte auch Stefanie Tücking, äh Lautrerin). Mit Supper's Ready, Firfth Of Fifth, The Carpet Crawl, Ripples, Blood On The Rooftops, Mad Man Moon, The Knife, The Cinema Show etc etc... Heute kennt keine Sau diese Genesis-Zeiten vom Progrock! Heute kennt man nur Chart-Pop aus den 80er/90ern wie Mama, Land Of Confusion oder I Can't Dance. Und sie meinen: woow, Domino ist Progrock, dabei ist es nur ProgPOP... Heute wissen sie nicht, welcher Song von Genesis oder Phil Collins ist. Durch Streaming wie zB Spotify können nur am Längsten 10 Minuten gespielt werden (ich sag nur: Black Star von David Bowie 10:00 Minuten! Bowie musste kürzen...). Echoes von Pink Floyd war lang, Close To The Edge von Yes war lang oder eben Supper's Ready von Genesis: 25 1/2 Minute! Ein Epos wie bei einem Klassikwerk! Laut und leise, schnell und langsam, ein epochales Werk. Warum eigentlich Techno?? Heute haste 2 Stunden Techno (siehe Youtube) ala Ambient, Goa, Trance... Aber Supper's Ready kannste vergessen: bei amazon music hatte nur 1 Stern (heißt: kennt keine Sau), I Can't Dance hat die volle Sternenzahl... Aber 25 1/2 Minuten haste locker bei Techno, aber nix mit Supper's Ready... Musik ist nur noch Wegwerfware, uniformierter Mainstream, man hat keine Zeit mehr zum Hören, Musik ist keine Kunst mehr! Natürlich ist auch 2023 gute, künstlerische Musik, zB alsTipp meine beste deutschsprachige Musizeitschrift ECLIPSED mit Schwerpunkt Progrock mit Steven Wilson, Dream Theater, Marillion, Steve Hackett, Porcupine Tree etc etc... Aber beim stromlinienförmigen Mainstream iss nix (bis einigen Ausnahmen). Im Endeffekt wars schon immer so: in den 70ern war im Radio nur Schlager, Abba und Boney M und nur (in meinem Umkreis) der SWF 3 Pop Shop war dann doch da - mit Pink Floyd, Led Zeppelin, Genesis, Jethro Tull...

C P Gerd Steinkoenig Gerd F Steinkoenig Gerd Gerd

27. September 2023

IN 250000 JAHREN

IN 250000 JAHREN!!

Die Menschen sind zu sehr im Hier und Jetzt

2023 = Krieg, Klimakrise, Trump, AfD, Hetzpropaganda

In ein paar Jahrzehnten weiß keiner mehr was war

In 2000 Jahren: wer sind The Beatles? Pink Floyd?

Und immer wieder Religionskriege, Klimakriege

Und immer wieder Landeroberung-Kriege

In 250000 Jahren hat die Erde nur EIN Kontinent

Mit zu viel Wüste und 90 % unbewohnbar

Dadurch viele Säugetiere ausgestorben

Und was machen die Menschen?

Immer noch Ego-Krieg? Klima-Krieg?

Welcher Staat ist noch da? Zu viele Verschiebungen

Südamerika und Afrika ist eins

Europa und Nordamerika ist eins

Asien und Südamerika ist eins

In 250000 Jahren sind die Menschen woanders?

In einem anderen Planeten?

Kann ja sein durch die Techniken

Von der Telefonwählscheibe bis zum Handy

War ja nur ein Katzensprung...

Auf dem nächsten Planeten wieder das Selbe?

Mit Umweltzerstörung, Kriege...

Ich bin im Jahr 2023

Und brauch gar nicht mehr zu denken

Über meine ISBN-Büchern und CD-Sammlung

Ob "Blood On The Rooftops" oder Genesis

Einfach alles in Schall und Rauch

Denn in 250000 Jahren

Und die Erde ist komplett weg in 4 Milliarden Jahren

Weil der Mond anzieht auf die Erde

Denn im Weltall ist auch da Leben und Tod

Kreislauf Life & Dead, Dead & Life

C P Gerd Steinkoenig Gerd F Steinkoenig Gerd Gerd

27. September 2023

ZEITEN - Collage (26.09.2023 by Gerd Steinkoenig)

Times mit Musik aus allen Lebensstationen

Progrock, Chartpop, Hardrock, alles

Ich durfte die Welt kennen von Lautre bis Monnem

Oder Avignon, Hamburg, Llorett, Frankfurt(Main)...

Und jetzt im Jahr 2023 Annweiler und Landau

Times um mein Leben durch neue Situationen

1966 war ich ganz anders drauf wie 1973 oder 1982

Immer wieder neue Lebenszeichnugen wie 1977

Oder 1987, 1998, 2005, 2014 oder 2017 oder 2023

Times über Gefühle, Instinkte, Wege, Pläne, Ziele

Times mit verschiedenen Gedanken und Zeitgeister

Mit 63 gelöst, was ich mit 18, 24, 30, 42 lösen sollen

Das ist einfach mein Leben mit diversen MomentShots

Und immer wieder Lebensträume trotz Lebenszweifeln

Denn immer wieder meine positive Energien, Lösungen

Ich hab 2023 my new ways, das ich 1980 nicht hatte

Times!! Kampf, Mut, Wille, Disziplin mit my

POSITIVE FUTURE

25. September um 21:16

.

DAS FÜNFTE LEBEN (ich hab ja noch7: US-Version 9)

In meinem Leben am 25. September 2023

Gedanken, Pläne, Ziele, Blues, Lebenssinn

Die Lebensgemeinsamkeit sind "nur" Genesis

Ich war jung, Genesis waren jung

Ich bin älter, Genesis ist viiiel älter...

Möchte wieder schreiben, damit ich Zuversicht habe

Am 25. September 2023 waren zu viele Memories

Zu viele Gefühle, Philosophie, Zeitoasen, Zeitgeister

Also schreibe ich am Besten, damit ich rauslasse

Mein erstes Leben - Kindheit, Jugend, Unschuld

Mein zweites Leben - Im Leben war alles, alles, alles

Mein drittes Leben - die ersten Lifeprüfungen, Realitätsflucht

Mein viertes Leben - neue Lifelocation, neues Selbstvertrauen

Mein fünftes Leben - meine zweite Geburt am 25.09.2017

Mein fünftes Leben mit Perspektiven, Horizonten, Liebe

Reinheit, Gelassenheit, Gesundheit

Kampf. Mut, Wille, Disziplin

Aber was ist mit meinem 6. Leben? 7. Leben?

Hab ich immer meine Gesundheit?

Hab ich urplötzlich boing im Kopf?

Was passiert am 30. Juni 2028?

Darf ich mein Leben leben?

Auch wegen der momentanen Politik, Krieg...

Wieder mehr Power mit meinen positiven Energien

Wieder mal freigeschrieben...

C P Gerd Steinkoenig Gerd F Steinkoenig Gerd Gerd

25.09.2023

Heute ist mein 6jähriges Jubiläum... Vor 6 Jahren hatte ich Schlaganfall! Ich meine am 25.9., es war einen Tag nach der Bundestagswahl 2017. War das am 25.9.? Oder doch der 26.9.?? Ich war halt im Delirium... Apropos Schlaganfall, meine Mutter ist gerade in "meiner" Klinik, und ihr geht es gut. Am letzten Freitag hatten wir uns wieder besucht. Die nächsten Tage oder doch noch 1 Woche länger, kommt sie dann nach St. Wendel (Nach-Reha).

FOTOS DES AUTORS (MAL WIEDER...)

Annweiler am Trifels 2021, 2023

© 2023, Gerd Steinkoenig
Herstellung und Verlag: BoD – Books on Demand, Norderstedt
ISBN: 9783758303159